Leaves! Leaves! Leaves!